Nous vous invitons à suivre pas à pas les étapes suivantes pour produire un merveilleux objet décoratif :

un galet unique
et peint par vous-seul !

Vous pouvez utiliser un **galet naturel** (attention, il est maintenant interdit de se servir dans la nature...)

ou le **fabriquer vous-même en plâtre** (c'est le cas dans cet exemple).

à vous de jouer !

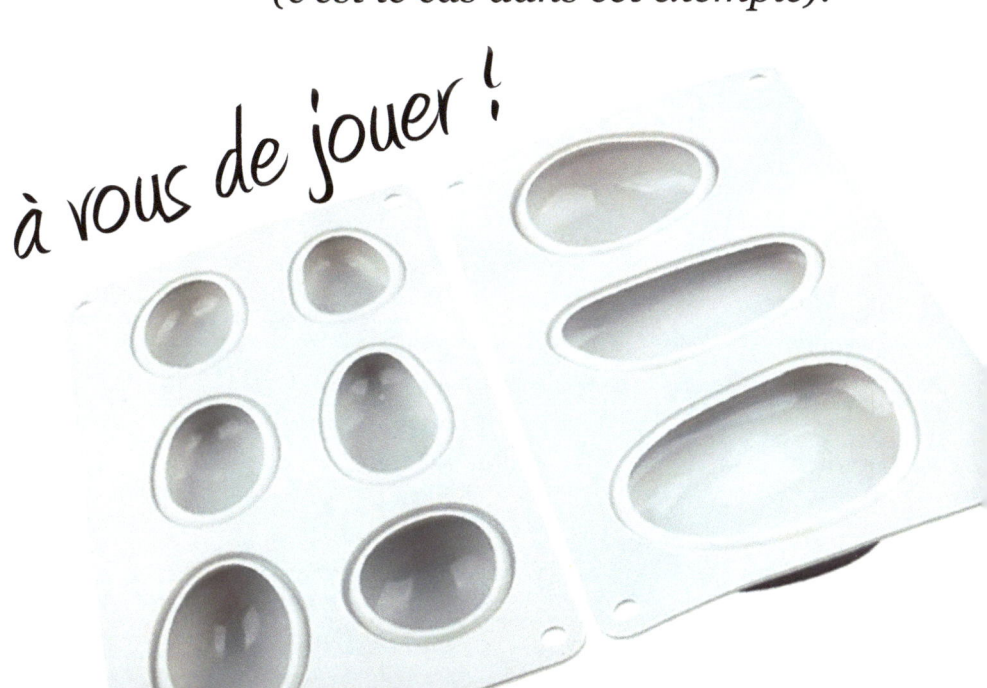

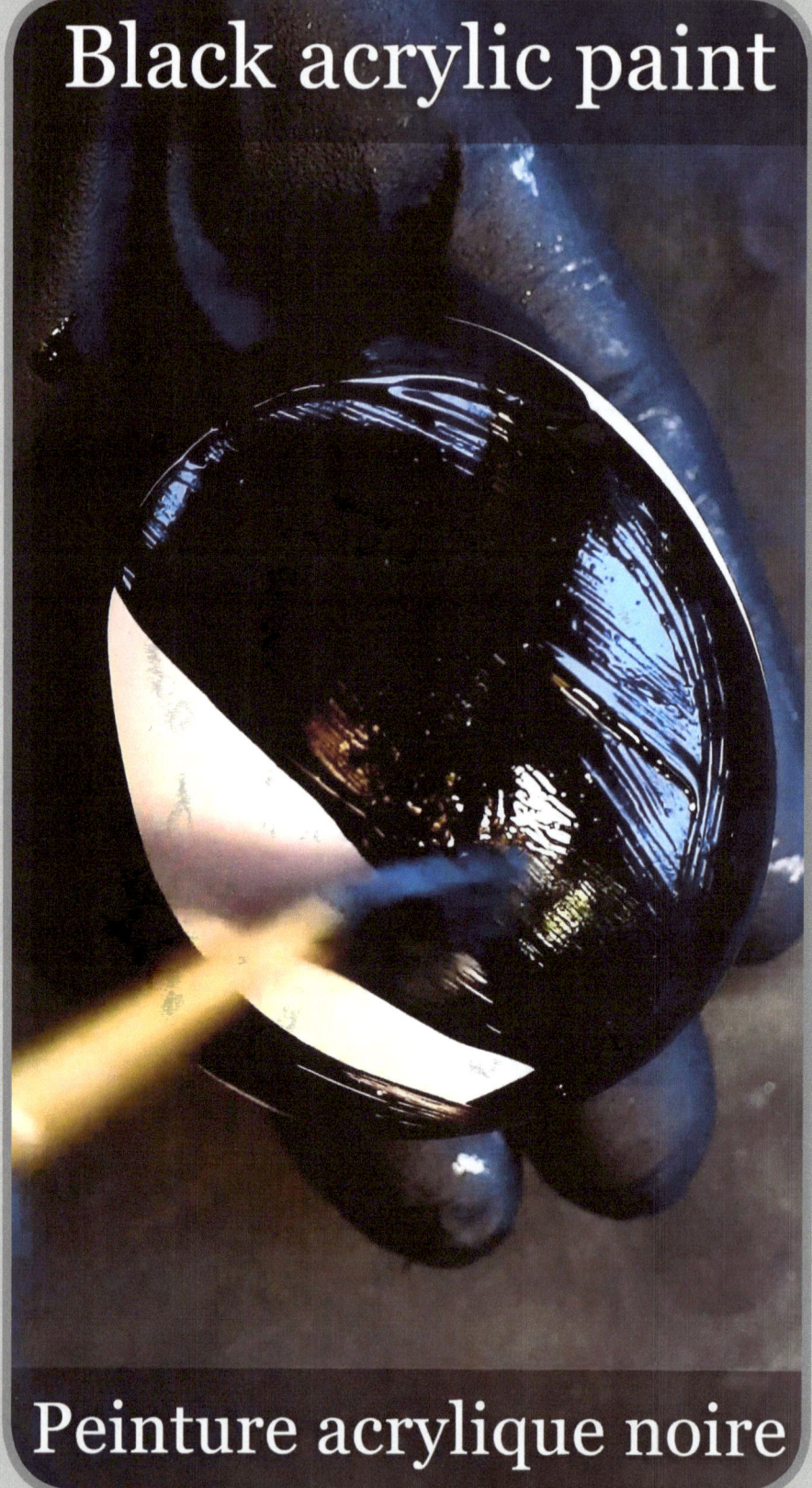

Matériel utilisé

Peinture acrylique noire
Pinceau épais

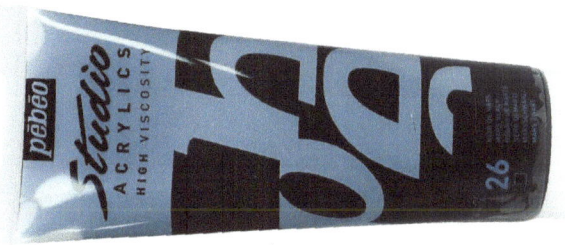

Il suffit de...

Recouvrir votre galet
(la face avant)
d'une couche ou deux
de peinture noire ou foncée.

Airbrush

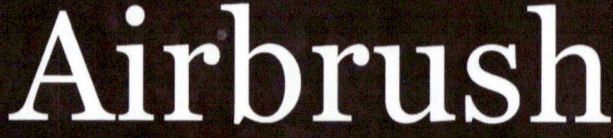

Aérographe

2

Matériel utilisé

Aérographe et **peinture blanche** ou claire *spéciale aérographe*

Peuvent être remplacés par :
> Un pinceau dur et de la peinture acrylique blanche ou claire.
> Un crayon gras clair

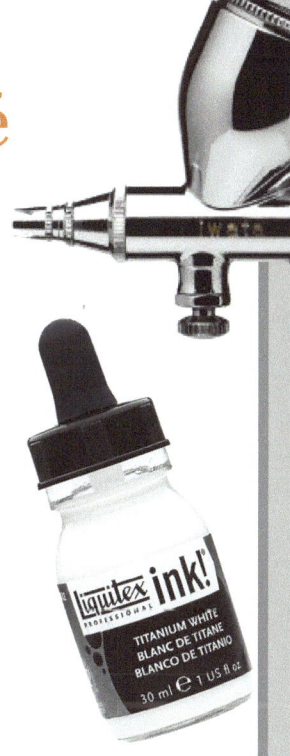

Il suffit de...

Réaliser un **dégradé clair** ou blanc au centre du galet. Avec n'importe quelle technique : l'aérographe sera la plus parfaite, mais un dégradé même imparfait au crayon blanc ou à la peinture blanche ira très bien pour faire ressortir votre petit motif à venir.

Airbrush

Aérographe

3

Matériel utilisé

Peinture ou crayon **blanc ou clair**, pinceau ou aérographe

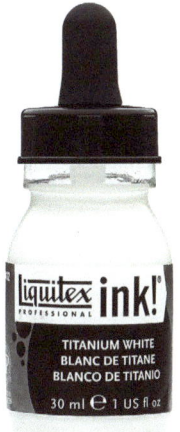

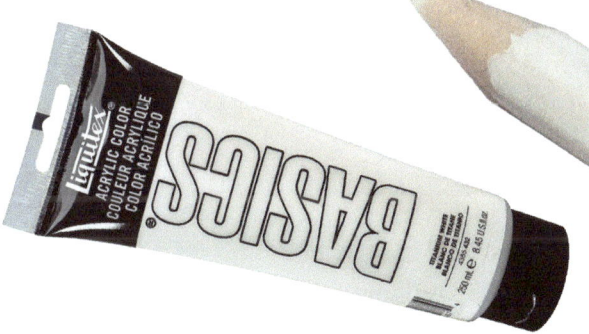

Il suffit de...

Faire des motifs dégradés **en lien avec le motif choisi** afin que les deux fusionnent graphiquement une fois collés.

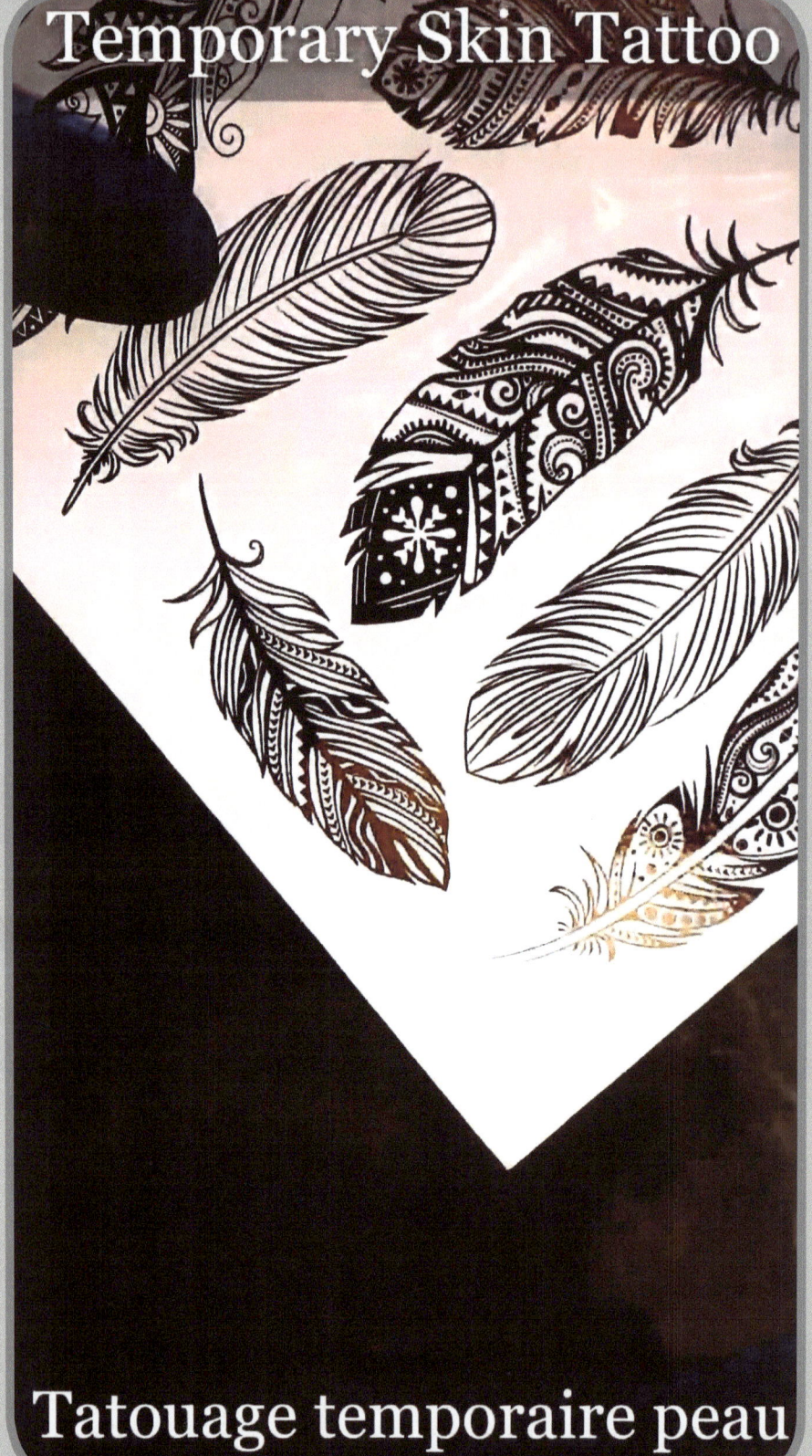

4

Matériel utilisé

Planche de **tatouages temporaires** pour la peau, paire de **ciseaux**

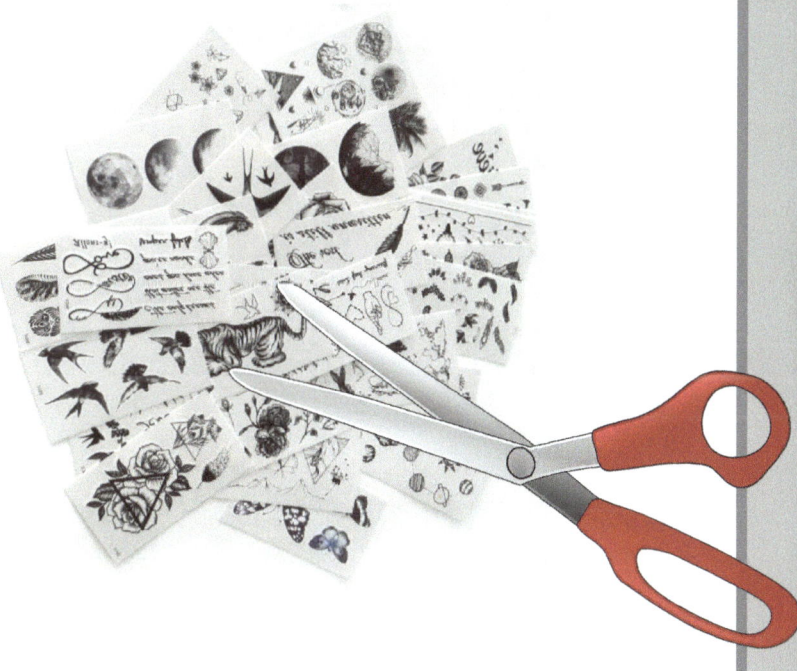

Il suffit de...

Découper un motif qui vous plait.

Temporary Skin Tattoo

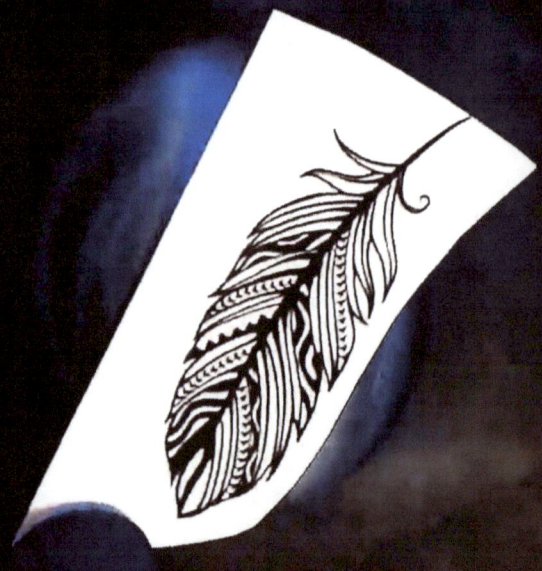

Tatouage temporaire peau

Matériel utilisé

Planche de **tatouages temporaires** pour la peau, paire de **ciseaux**

Il suffit de...

Positionner temporairement sur le galet votre tatouage découpé

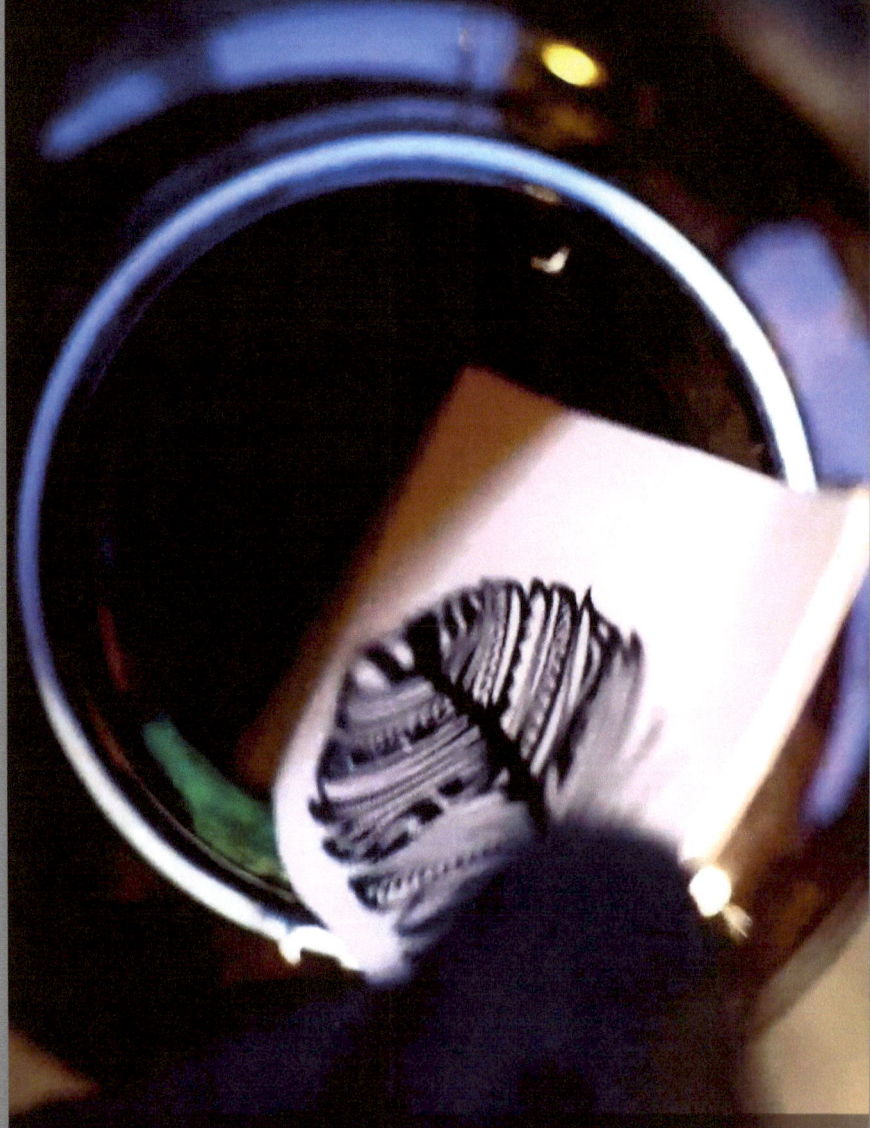

Matériel utilisé

Votre petit **tatouage** et un bol d'**eau**.

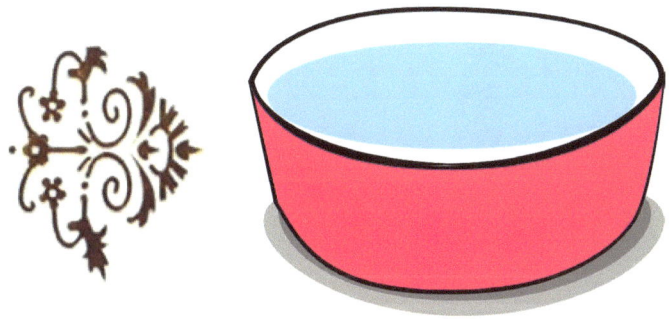

Il suffit de…

Retirer la pellicule transparente de protection de votre tatouage, puis de **le tremper 3 secondes** dans de l'eau propre.

Temporary Skin Tattoo

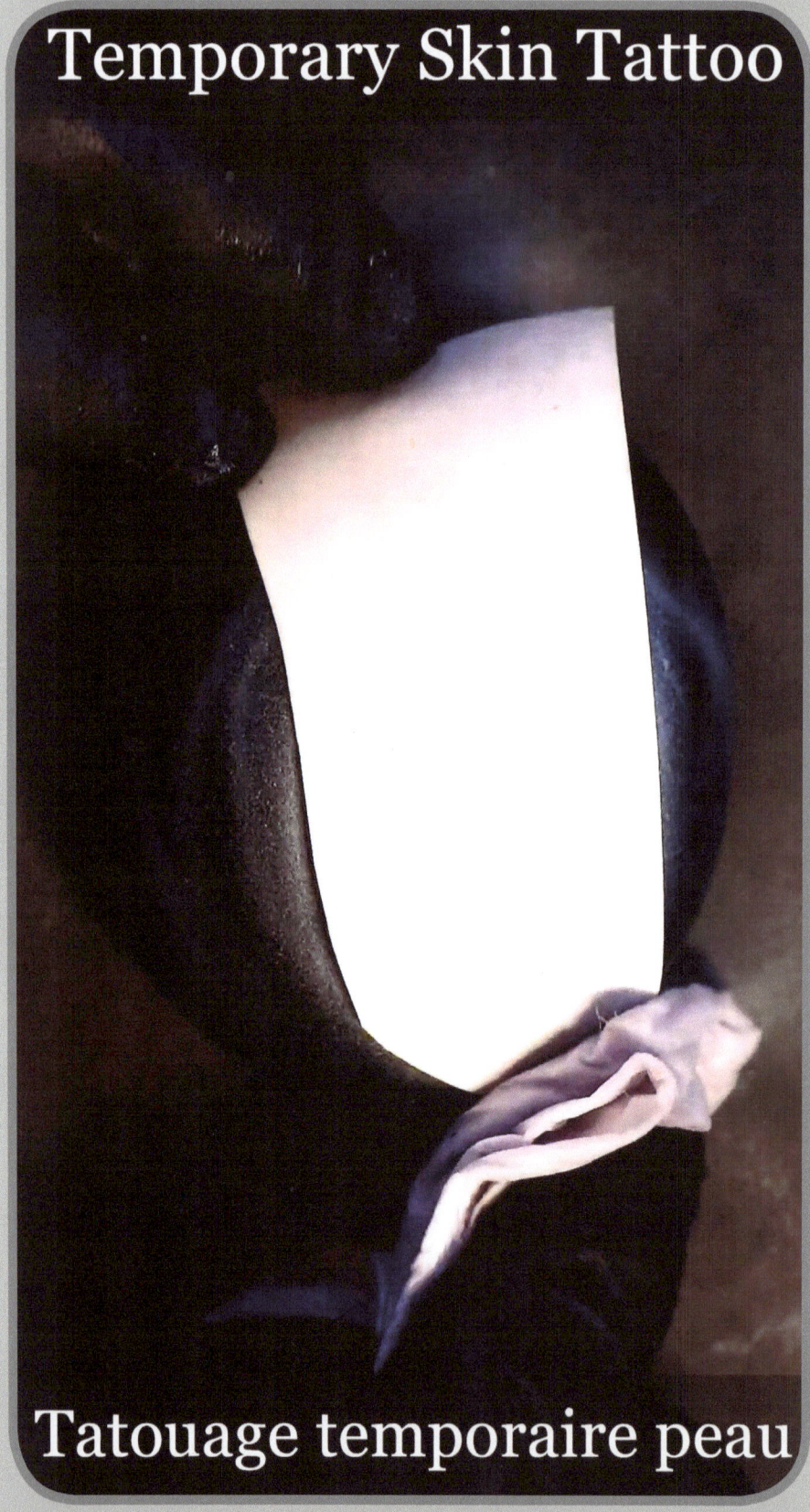

Tatouage temporaire peau

Matériel utilisé

Un **chiffon** ou un **mouchoir en papier** bien **imbibé d'eau**

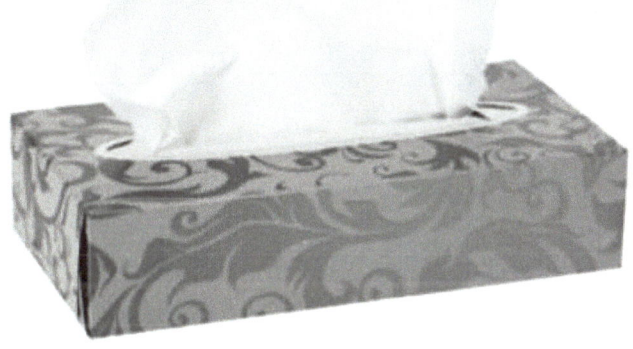

Il suffit de…

Positionner votre tatouage mouillé à son emplacement final exact, puis de le **tamponner** avec un chiffon ou un **mouchoir bien mouillé** pendant au moins 10 secondes, jusqu'à ce que le papier ne retienne plus le motif.

Temporary Skin Tattoo

Tatouage temporaire peau

Matériel utilisé

Éventuellement votre chiffon bien imbibé d'eau.

Il suffit de...

Vérifier que la pellicule de papier peut glisser sans le tatoo, retirez-la alors en la faisant **glisser doucement sans abimer le tatouage** encore fragile. Si le tatouage est abimé, vous pouvez encore le replacer délicatement avec une pince à épiler, une pince fine ou un pinceau fin.

Temporary Skin Tattoo

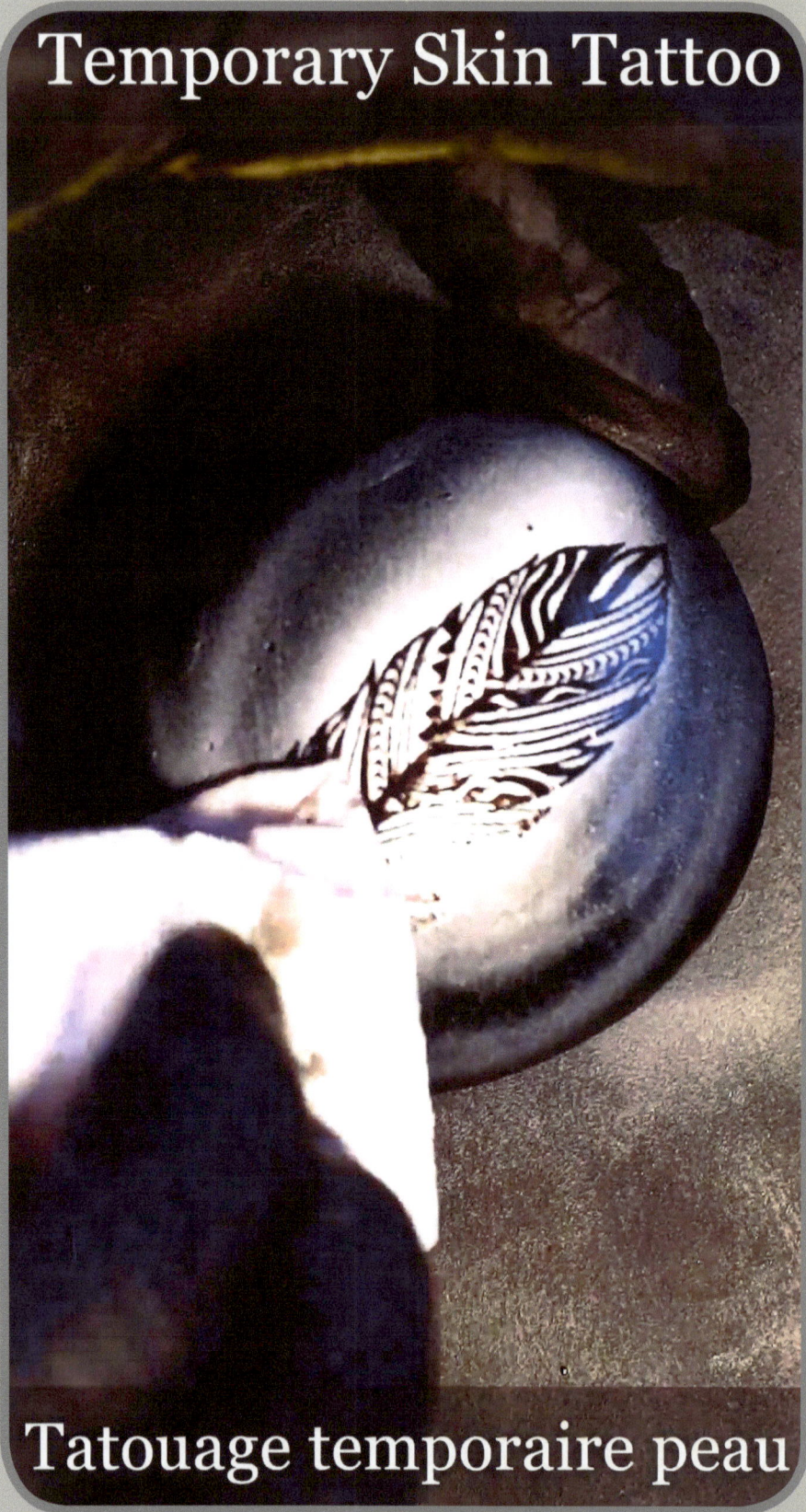

Tatouage temporaire peau

Matériel utilisé

Un chiffon sec,
un essuie-tout
ou un mouchoir en papier.

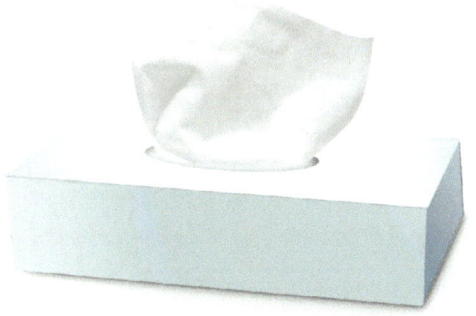

Il suffit de...

Sécher délicatement le motif
en le tapotant doucement.
Souffler dessus si besoin.

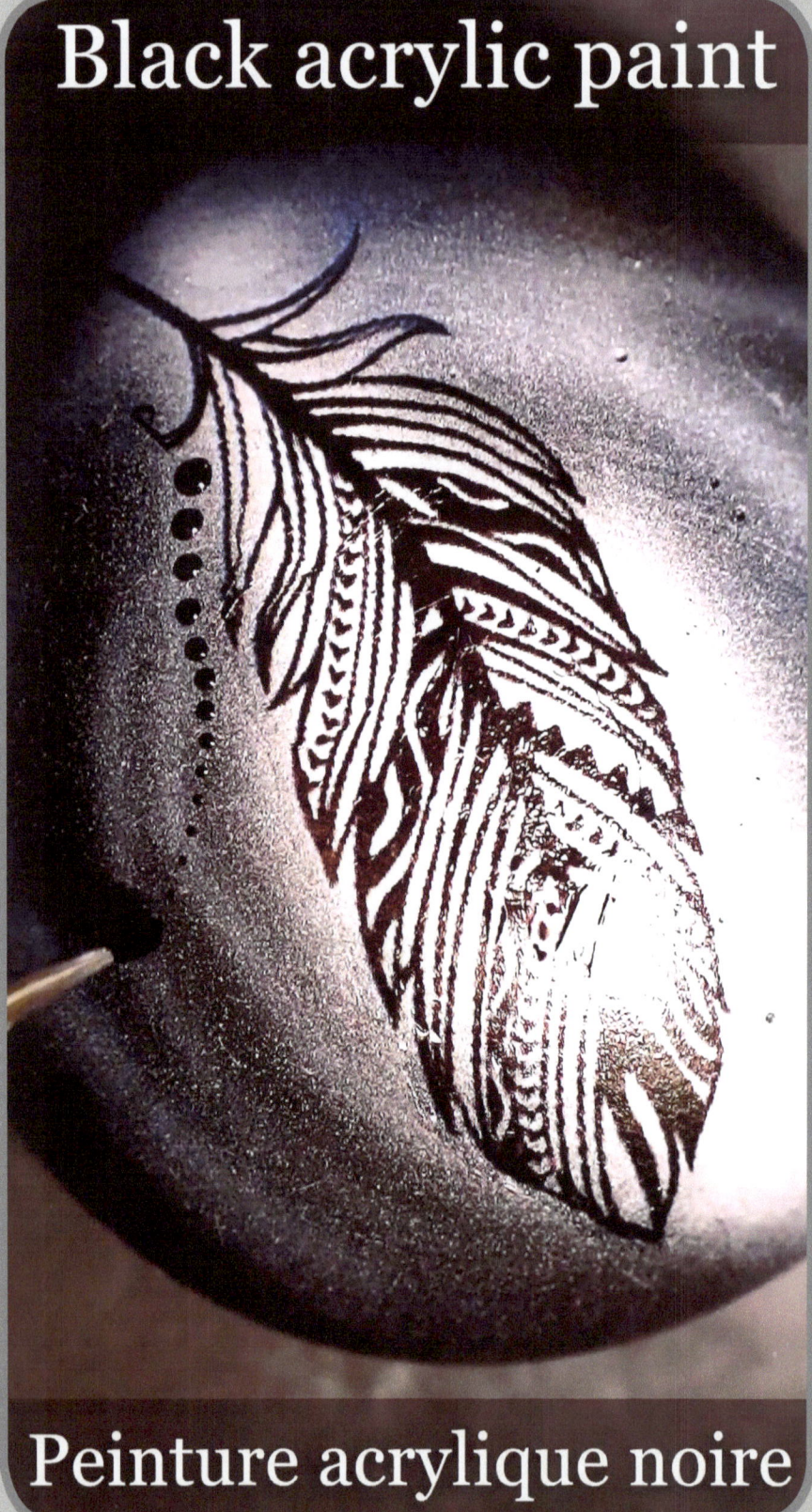

Matériel utilisé

Matériel de **Dot painting**
Peinture acrylique noire

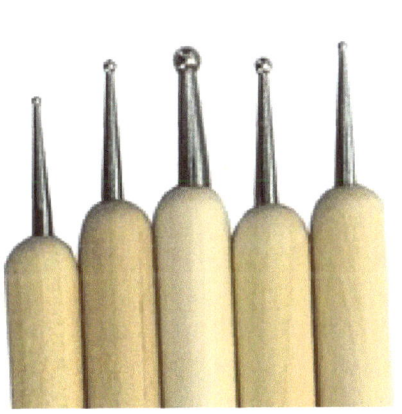 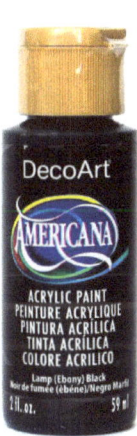

Il suffit de...

Faire des **rangées de points** dans le même sens que votre tatoo.

Black acrylic paint

Peinture acrylique noire

Matériel utilisé

**Matériel de Dot painting
Peinture acrylique noire**

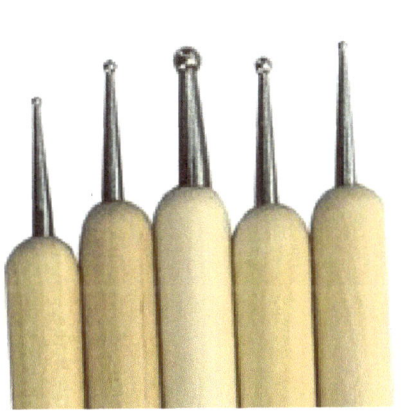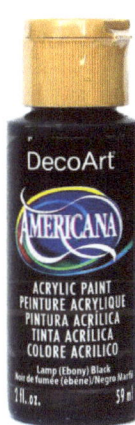

Il suffit de...

Poursuivre vos **rangées de points** dans le même sens que votre tatoo, remplir harmonieusement votre espace.

Acrylic marker

Marqueur acrylique

Matériel utilisé

Marqueur acrylique blanc
ou pinceau fin et peinture acrylique blanche

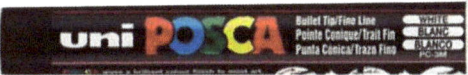

Il suffit de...

Tracer des lignes
entre les rangées de points.

Acrylic marker

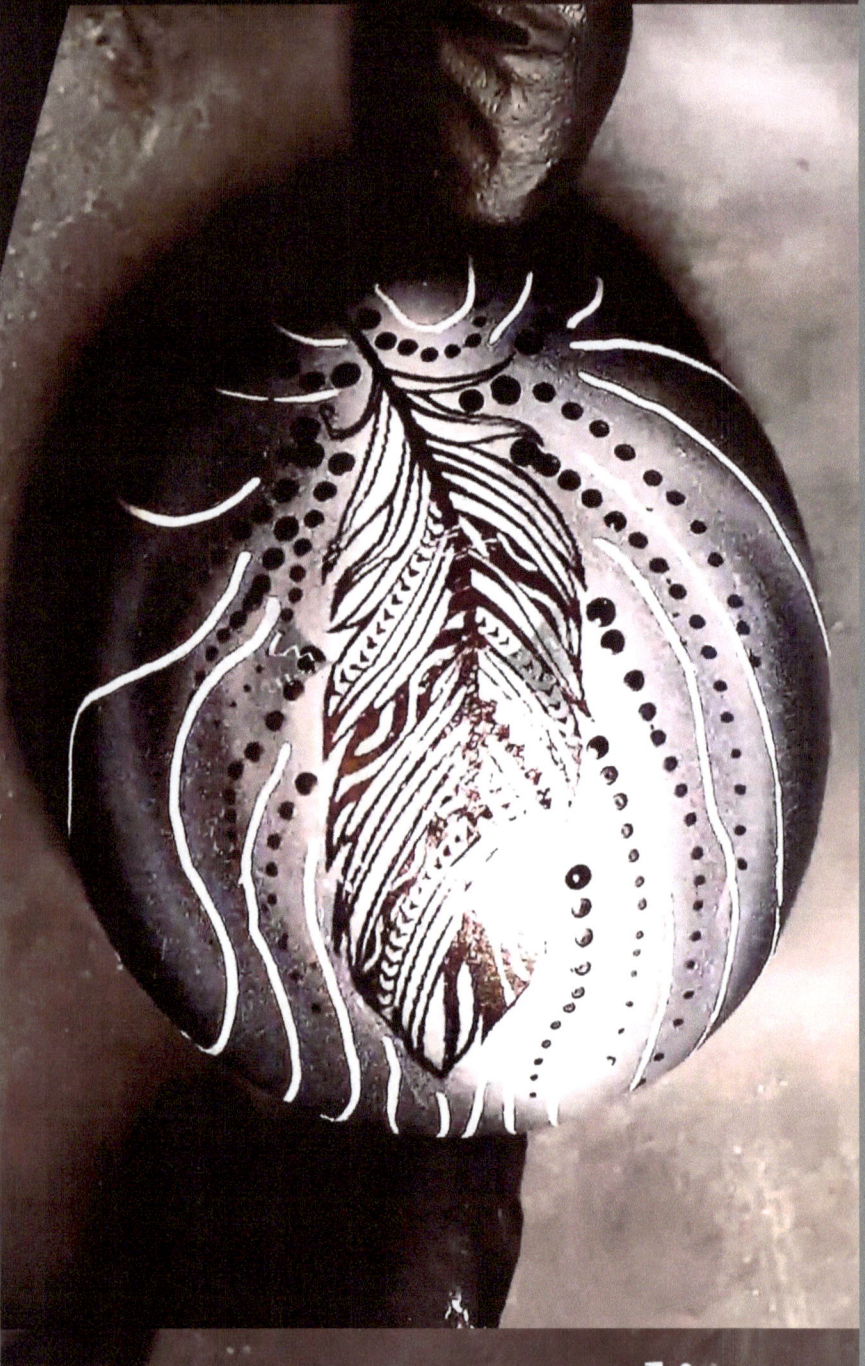

Marqueur acrylique

Matériel utilisé

Marqueur acrylique blanc
ou pinceau fin et peinture acrylique blanche

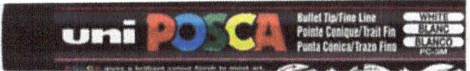

Il suffit de...

Remplir les espaces
entre les rangées de points

White acrylic paint

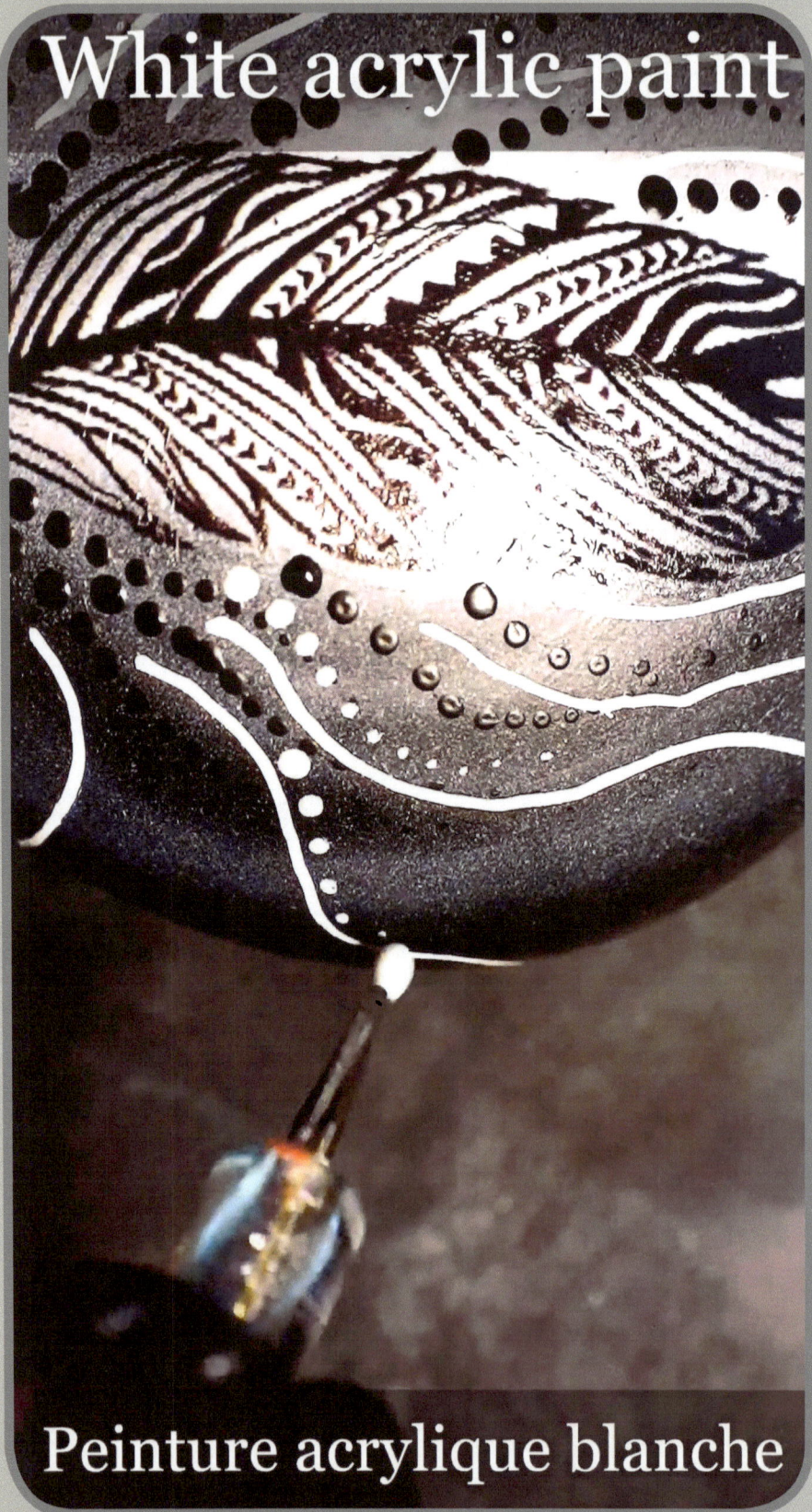

Peinture acrylique blanche

Matériel utilisé

Matériel de **dot painting**
Peinture acrylique blanche

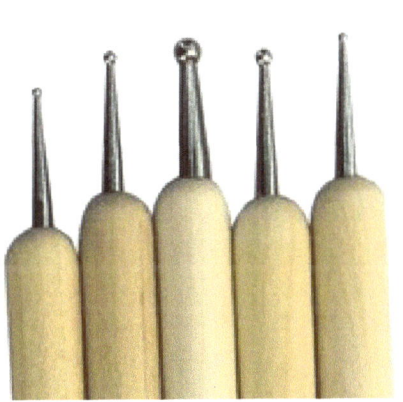 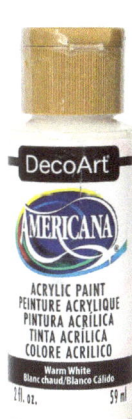

Il suffit de...

Poursuivre le remplissage avec des points blancs dans le sens du tatoo.

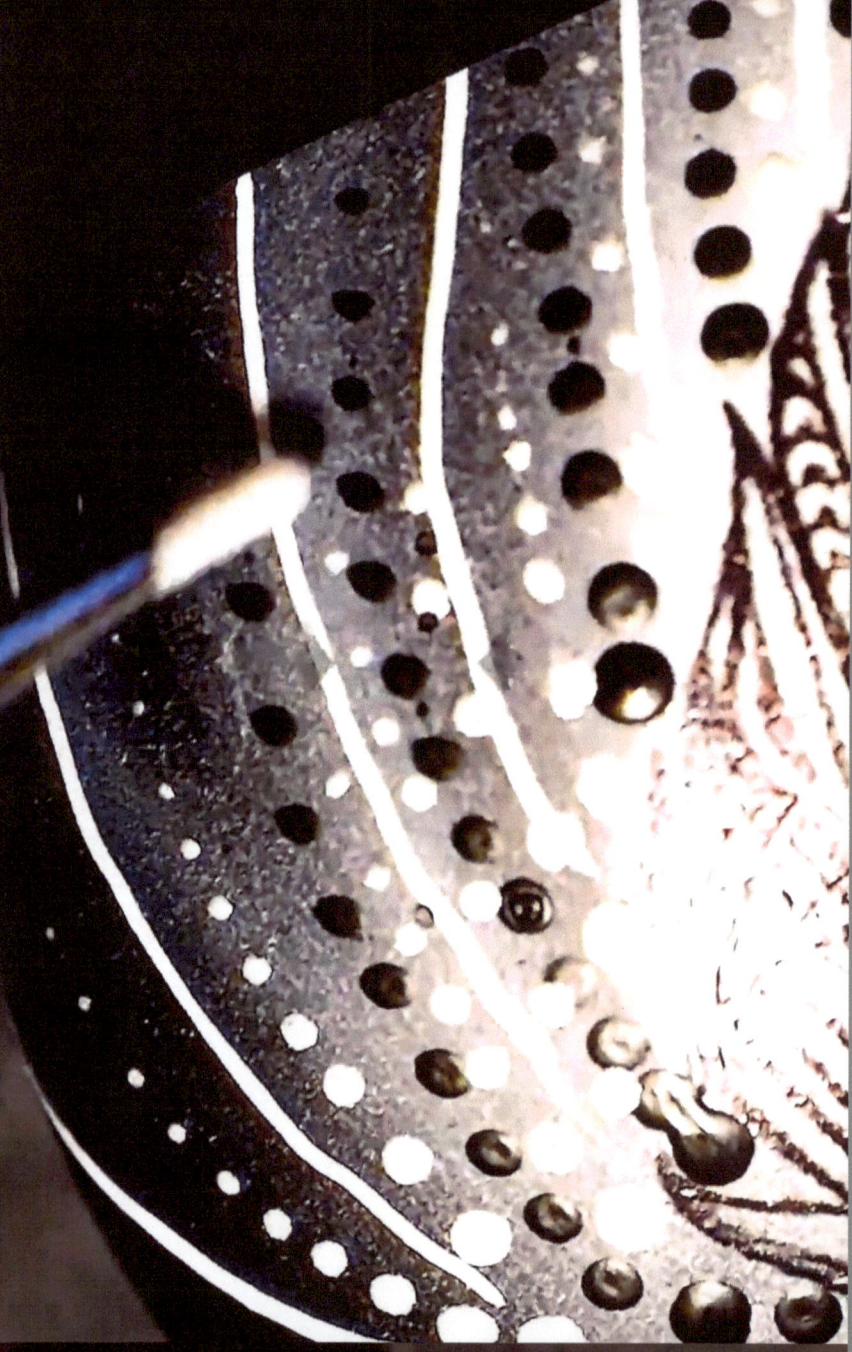

Matériel utilisé

Matériel de **dot painting**
Peinture acrylique blanche

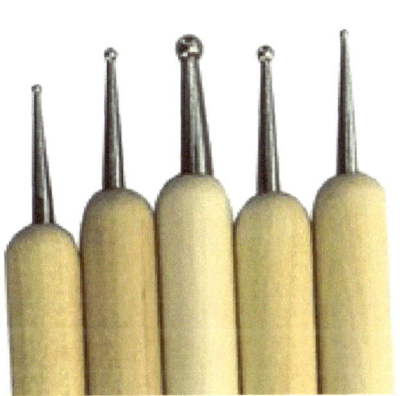 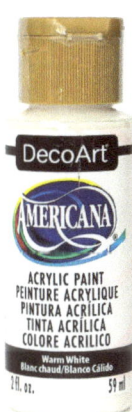

Il suffit de...

Poursuivre le remplissage avec des points blancs dans le sens du tatoo.

Black acrylic paint

Peinture acrylique noire

Matériel utilisé

Peinture acrylique noire,
un pinceau épais

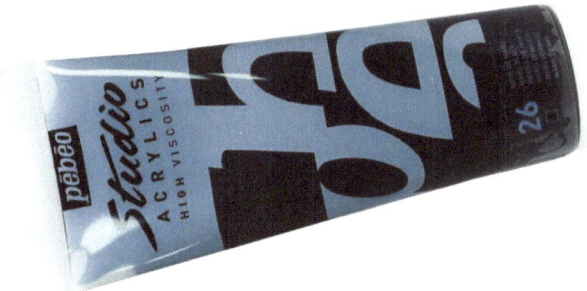

Il suffit de...

Peindre l'arrière de votre galet
en noir ou avec votre couleur de fond.
Vous pouvez aussi rajouter
votre **signature**, une date,
ou un mot de **dédicace** :

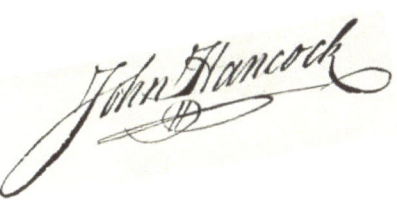
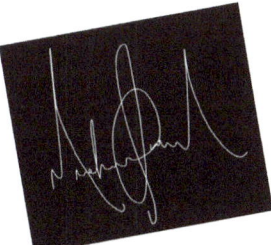

2 component epoxy resin

Résine époxy 2 composants

Matériel utilisé

Résine époxy 2 composants Peut être remplacée par un **vernis acrylique brillant** *(moins résistant et moins brillant que la résine époxy, mais plus facile à appliquer et moins cher).*

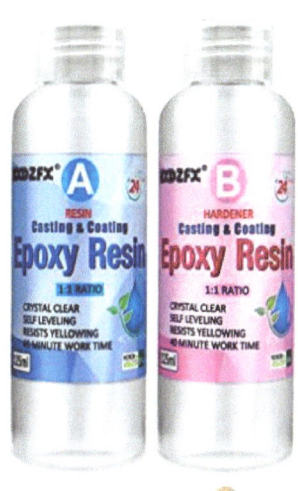
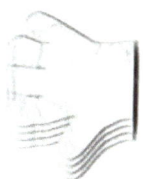
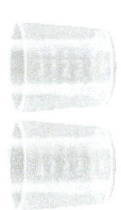
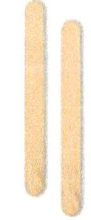

Il suffit de...

Mélanger les deux composants selon les proportions indiquées sur les flacons (qui diffèrent d'une marque à l'autre), puis **appliquer** la résine **directement sur le galet.**

2 component epoxy resin

Résine époxy 2 composants

Matériel utilisé

Des gants

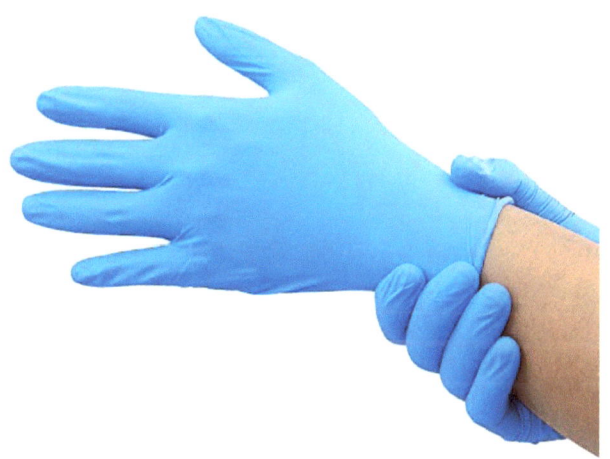

Il suffit de...

Répartir la résine ou le vernis avec vos mains, bien munies de gants.

Laisser sécher 24 heures...
Et voilà :

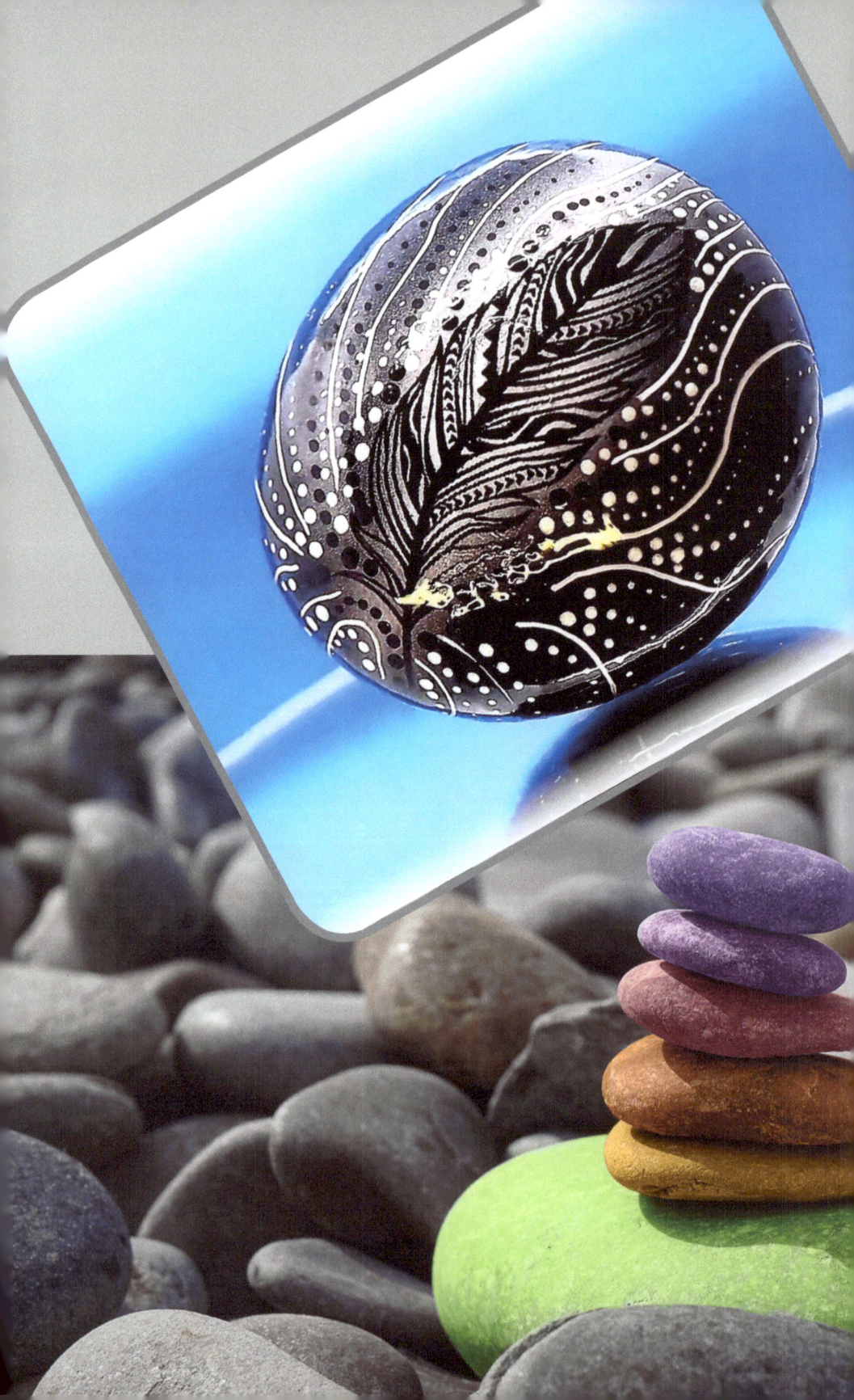

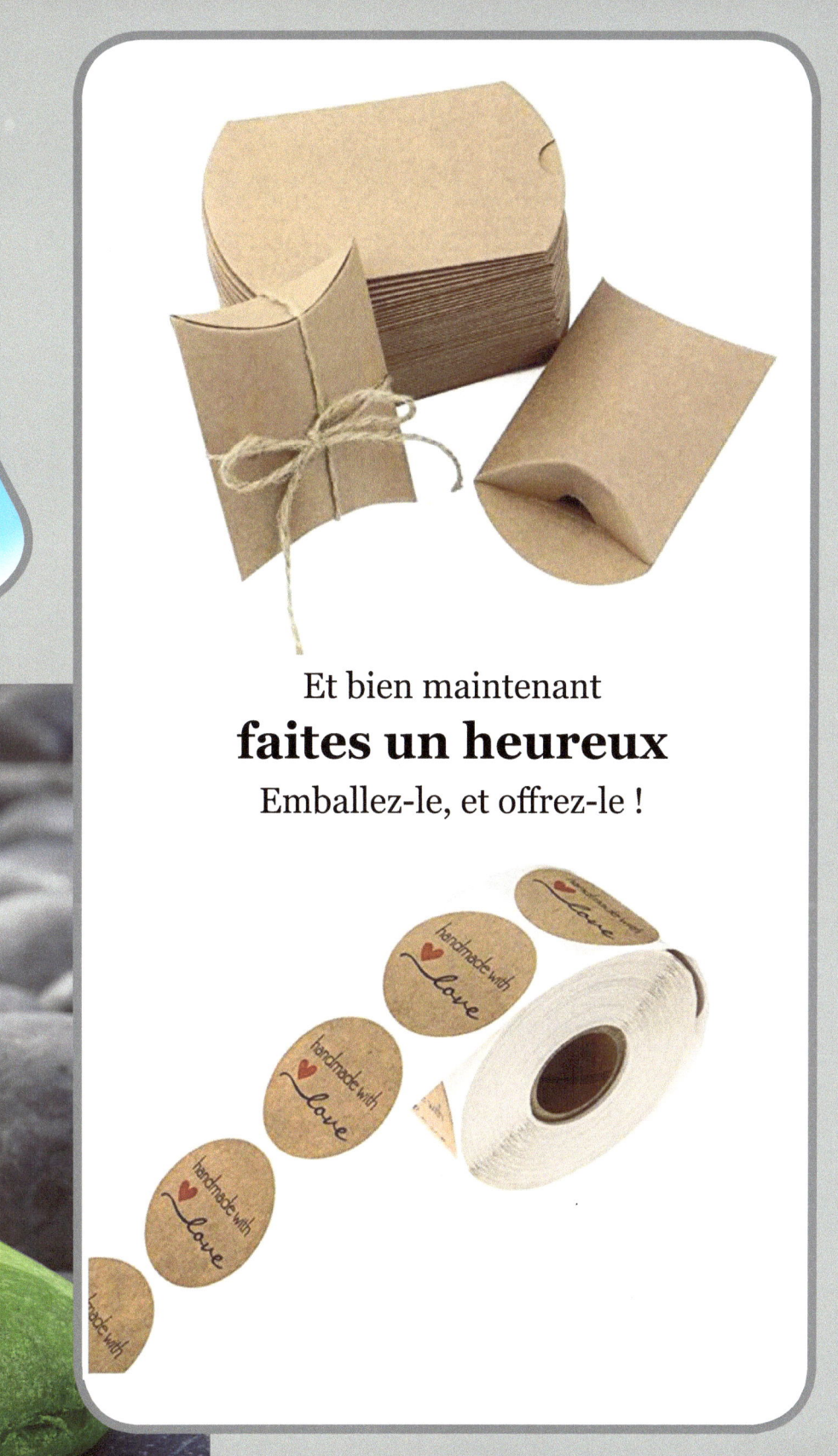

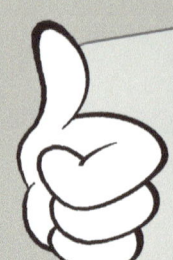

Dans la même série, collectionnez les autres numéros :
Peinture sur un galet pas à pas !
C'est facile, il suffit de suivre les étapes...

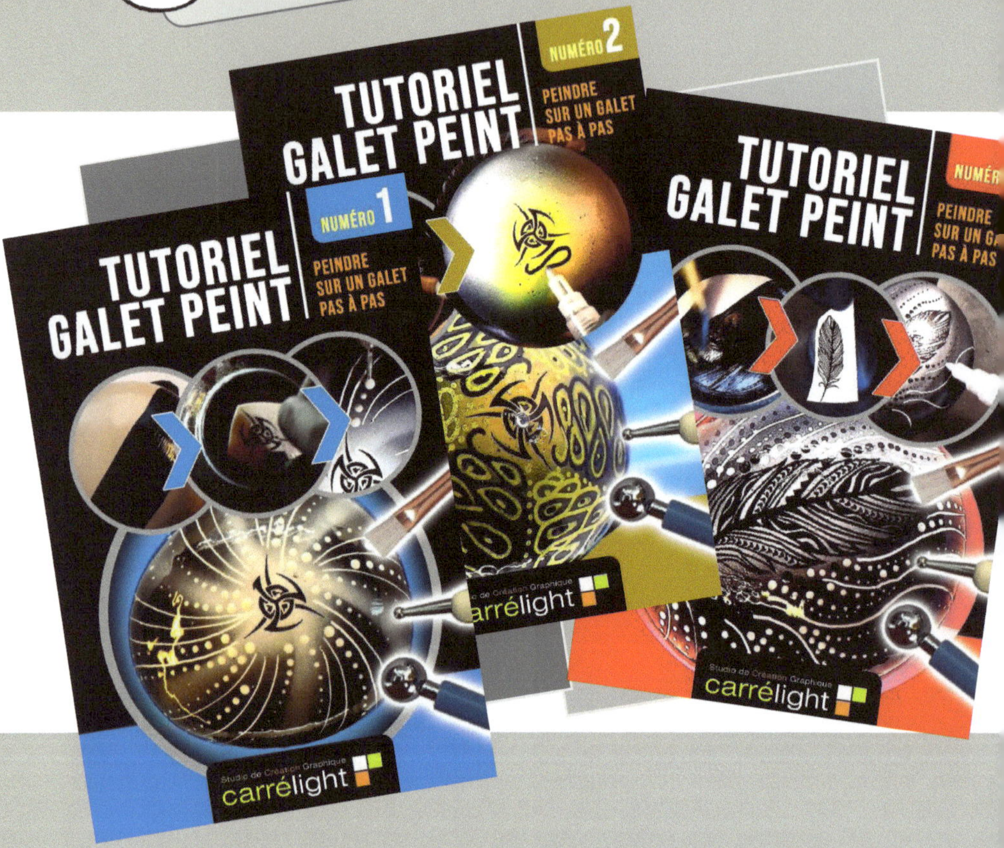

Code de la propriété intellectuelle n'autorisant, aux termes de l'article L 122-5 (2° et 3°a), d'une part, que les « copies ou reproductions strictement réservées à l'usage privé du copiste et non destinées à une utilisation collective » et, d'autre part, que les analyses et les courtes citations dans un but d'exemple et d'illustration, « toute représentation ou reproduction intégrale ou partielle faite sans le consentement de l'auteur ou de ses ayants droit ou ayants cause est illicite » (art L 122-4). Cette représentation ou reproduction, par quelque procédé que ce soit, constituerait donc une contrefaçon sanctionnée par les articles L335-2 et suivants du Code de la propriété intellectuelle.

Marque éditoriale :
Independently published
© **Studio Graphique Carrélight**
Tous droits réservés.
1er dépôt légal : Mai 2021
ISBN (version papier) :
978-2-9563734-5-2
Imprimé à la demande par Amazon
Illustration & mise en page :
NOY / Karine Leroy
Studio Graphique Carrélight
La Pallière
50560 Blainville-sur-Mer

www.ingramcontent.com/pod-product-compliance
Lightning Source LLC
Chambersburg PA
CBHW040253220526
45473CB00001B/463